INHALTSVERZEICHNIS

-Avocado-Salat

Peanut Super Salad

Salmon-Spring-Salad

Lieblings-DRESSING

Wie vom Lieblingsitaliener!

Zutaten

30 g	Weißwein, trocken
15 g	Wasser
20 g	Zucker
20 g	Crème fraîche
60 g	Olivenöl
1 TL	Salz
15 g	Zitronensaft
18 g	Senf, mittelscharf
20 g	Senf, süß
20 g	Weißweinessig

Zubereitung

Alle Zutaten in den Mixtopf geben und **30 Sek./Stufe 4** mixen.

Pro 50 g: 177 kcal | 7 g KH | 1 g EW | 15 g Fett

FRENCH SALAD CREAM

Zutaten

200 g	saure Sahne
30 g	Tomatenketchup
20 g	Senf, mittelscharf
1 TL	Zucker
10 g	Limettensaft
ein paar	Spritzer Worcestersauce
etwas	Salz & Pfeffer

Zubereitung

Alle Zutaten in den Mixtopf geben und **10 Sek./Stufe 3** verrühren.

Pro 50 g: 61 kcal | 4 g KH | 1 g EW | 4 g Fett

Mango-DRESSING

für gemischte Salate

Zutaten

1	Knoblauchzehe
½	rote Peperoni, entkernt
1 Handvoll Petersilie	
ein paar Blätter Thai-Basilikum	
120 g	Mangofruchtfleisch (frisch o. Dose)
50 g	Crème fraîche
1	Limette, Saft davon (30 g)
40 g	Öl
25 g	Wasser
20 g	Balsamicoessig, hell
2-3 Prisen Zucker	
etwas	Salz & Pfeffer

Zubereitung

Alle Zutaten in den Mixtopf geben und **20 Sek./Stufe 8** mixen.

Tipp:

Das Dressing kann 2-3 Tage im Kühlschrank aufbewahrt werden.

Pro 50 g: 113 kcal | 7 g KH | 0 g EW | 9 g Fett

Knusper-TOPPING

Zutaten

200 g	Nussmischung (Walnüsse, Mandeln, Cashew usw.)
100 g	Pistazien ohne Salz
125 g	Kürbiskerne
60 g	braunes Mandelmus
35 g	Kokosöl
20 g	Honig
1 TL	Knoblauch, granuliert
1 TL	Zwiebeln, granuliert
1 TL	Salz
½ TL	Paprikapulver, rosenscharf

Zubereitung

Nussmischung, Pistazien und Kürbiskerne in den Mixtopf geben und **2 Sek./Stufe 6** hacken. Restliche Zutaten zugeben und **10 Sek./↺/Stufe 4** mischen.

Auf ein mit Backpapier belegtes Backblech geben, verteilen und im vorgeheizten Backofen bei 160°C Umluft ca. 15 Min. rösten. Abkühlen lassen und zum Aufbewahren in ein luftdichtes Gefäß füllen.

Pro 30 g: 190 kcal | 4 g KH | 7 g EW | 16 g Fett

Feta-MELONEN-SALAT

Zutaten

4 Portionen

500 g	Wassermelone
1	rote Zwiebel
135 g	Mini-Fetawürfel
20 g	gehackte Pistazien
1 Handvoll	Minze
1 Handvoll	Rucola
40 g	Olivenöl
1 EL	Balsamicoessig, hell
20 g	Limettensaft
etwas	Salz & Pfeffer

Zubereitung

Melone in Würfel und Zwiebel in Ringe schneiden. Zusammen mit Feta in eine Schüssel geben. Pistazien, Rucola und Minze im Mixtopf **5 Sek./Stufe 8** hacken. Mit dem Spatel nach unten schieben. Öl, Essig, Limettensaft und etwas Salz und Pfeffer zugeben und **10 Sek./Stufe 2.5** vermengen. Über den Salat geben. Vor dem Servieren vermengen.

Pro Portion: 256 kcal | 13 g KH
8 g EW | 18 g Fett

Pro Portion: 232 kcal | 8 g KH | 12 g EW | 16 g Fett

4 Portionen

Erdbeer-SPARGEL-SALAT

Zutaten

500 g	grüner Spargel
500 g	Wasser, lauwarm
200 g	Fetakäse
250 g	Erdbeeren
1 Handvoll Basilikumblätter	
2 EL	Olivenöl
2 EL	Balsamicoessig, dunkel
etwas	Salz & Pfeffer

Zubereitung

Spargel schälen, Enden abschneiden und in Stücke schneiden (3-4 cm). Spargel in den Gareinsatz geben. Wasser in den Mixtopf füllen, Gareinsatz einsetzen und **20 Min./Varoma/Stufe 1** garen. Danach kalt abschrecken und in eine Schüssel geben. Erdbeeren halbieren oder vierteln. Fetakäse in Würfel schneiden. Zusammen mit Basilikumblättern zum Spargel geben. Öl, Essig sowie Salz und Pfeffer zugeben und gut vermengen.

4 Portionen

Zutaten

½ Kopf	Chinakohl
1 kl. Dose Mais (Abtr.gew. 140 g)	
4-5	Radieschen, halbiert
1	Karotte, in Stücken
1 Handvoll frischer Koriander	
½ TL	Chiliflocken
2 EL	Sesamöl
3 EL	Limettensaft (25 g)
etwas	feines Meersalz
etwas	Pfeffer, gem.
1 EL	Sojasauce
1 gestr. TL Zucker	
2 EL	Erdnüsse, geröstet, gesalzen

Zubereitung

Chinakohl in feine Streifen schneiden, waschen und trocken schleudern. In eine Schüssel geben. Mais gut abtropfen lassen und zugeben.

Restliche Zutaten in den Mixtopf geben und **3-4 Sek./Stufe 5** zerkleinern. Über den Salat geben, gut vermengen und servieren.

Bunter CHINAKOHL-SALAT

Mit Koriander!

Pro Portion: 175 kcal | 14 g KH
5 g EW | 10 g Fett

2 Portionen

Gurken-PAPRIKA-SALAT

Zutaten

1	Salatgurke
1	rote Paprika
150 g	Naturjoghurt, 3,5%
1 TL	Senf, mittelscharf
1 EL	Essig
½ TL	Zucker
½ TL	Salz
¼ TL	Pfeffer, gem.
1 EL	frische Kräuter (Schnittlauch o. Petersilie)

Zubereitung

Gurke und Paprika in Stifte hobeln oder schneiden. Mit den restlichen Zutaten in einer Schüssel vermengen. Sofort servieren, da die Gurke sonst Wasser verliert.

Pro Portion: 122 kcal | 12 g KH | 6 g EW | 4 g Fett

3 Portionen

Apfel-AVOCADO-SALAT

Mit Ingwer!

Zutaten

2	Avocados
1	Apfel
1	Limette, Saft davon
1 Stk.	Ingwer (walnussgroß)
1	kl. rote Zwiebel
40 g	Olivenöl
2 EL	Apfelessig
1 EL	Weißweinessig
1 TL	Salz
1 TL	Zucker
etwas	Pfeffer, gem.
ein paar	Chiliflocken

Zubereitung

Avocadofruchtfleisch klein würfeln. Apfel entkernen und ebenfalls würfeln. Beides in eine Schüssel geben. Limette auspressen und den Saft darüber geben. Ingwer und Zwiebel in den Mixtopf geben und **5 Sek./Stufe 5** zerkleinern. Mit dem Spatel nach unten schieben. Öl zugeben und **2 Min./Varoma/Stufe 1** dünsten. Restliche Zutaten zugeben und **10 Sek./Stufe 4** vermengen. Dressing über den Salat geben und gut vermengen.

Pro Portion: 371 kcal | 12 g KH
3 g EW | 32 g Fett

2 Portionen

Radieschen-FENCHEL-SALAT

Zutaten

2	Fenchelknollen (250 g)
1 TL	Salz
1 TL	Zucker
1 gr. Bund	Radieschen (200 g)
etwas	frischer Dill
30 g	Crème fraîche
20 g	Mayonnaise
½	Zitrone, Saft davon (30 g)
etwas	Pfeffer, gem.

Zubereitung

Fenchel sehr fein hobeln und in eine Schüssel geben. Salz und Zucker darüber geben und mit den Händen durchkneten. 15 Min. ziehen lassen. Radieschen ebenso in feine Scheiben hobeln und mit den restlichen Zutaten zum Fenchel geben. Alles gut vermengen und servieren.

Pro Portion: 177 kcal | 10 g KH | 5 g EW | 13 g Fett

Fancy BROKKOLI-SALAT

Mit gerösteten Mandeln!

Pro Portion: 327 kcal | 15 g KH | 15 g EW | 21 g Fett

4 Portionen

Zutaten

2	kl. Brokkoli (à 400 g)
500 g	Wasser, lauwarm
50 g	Mandelblättchen
1 Dose	weiße Bohnen (Abtr.gew. 250 g)
25 g	Parmesan, frisch gerieben

Für das Dressing

1	rote Zwiebel, halbiert
50 g	Öl
1 TL	Dijon-Senf
½	Zitrone, Saft davon (30 g)
etwas	Salz
1 Prise	Pfeffer, gem.

Zubereitung

Brokkoli in kleine Röschen teilen und in den Varoma geben. Wasser in den Mixtopf füllen, Varoma aufsetzen und **20 Min./Varoma/Stufe 1** dünsten. In der Zwischenzeit Mandelblättchen in einer Pfanne ohne Fett anrösten. Brokkoli nach Garzeitende mit kaltem Wasser abschrecken.

Mixtopf mit kaltem Wasser ausspülen, Zwiebel hineingeben und **5 Sek./Stufe 5** zerkleinern. Restliche Dressingzutaten hinzufügen und **5 Sek./Stufe 3** mischen.

Brokkoli zusammen mit abgetropften Bohnen, Dressing, Parmesan und gerösteten Mandeln in eine Schüssel geben. Salat gut vermengen und servieren.

Avocado-GURKEN-SALAT

4 Portionen

Zutaten

1	Salatgurke
2 EL	Öl
2	Avocados (à 160 g)
1	rote Peperoni, entkernt
100 g	Doppelrahmfrischkäse
15 g	Honig
30 g	Limettensaft
etwas	Salz & Pfeffer
1 EL	gerösteter Sesam

Pro Portion: 321 kcal | 7 g KH
4 g EW | 30 g Fett

Zubereitung

Zuerst die Gurke der Länge nach vierteln und die Kerne rausschneiden. Gurke in Würfel schneiden und in den Mixtopf geben. 1 EL Öl zugeben und **3 Min./Varoma/ ⟲ /Stufe 1** dünsten. In eine Schüssel umfüllen.

Avocadofruchtfleisch ebenso würfeln und zur Gurke geben.

Peperoni im Mixtopf **10 Sek./Stufe 7** hacken. 1 EL Öl, Frischkäse, Honig, Limettensaft und etwas Salz & Pfeffer zugeben und **10 Sek./Stufe 3** mixen.

Zusammen mit dem Sesam über den Salat geben und vermengen. Fertig!

Pikant!

2 Portionen

ASIA-GURKEN-SALAT

Mit Wasabidressing!

Zutaten

1	Salatgurke
1 TL	Wasabipaste
1 EL	Wasser
3 EL	Weißweinessig
2 EL	Öl
1 TL	Zucker
½ TL	Salz
2 Msp.	Pfeffer, gem.
1 TL	Sesam, schwarz
etwas	Dill, gehackt

Pro Portion: 159 kcal | 7 g KH
2 g EW | 12 g Fett

Zubereitung

Gurke fein hobeln und in eine Schüssel geben. Wasabipaste mit Wasser anrühren und mit restlichen Zutaten verrühren. Dressing über die Gurke geben und gut vermengen.

Falscher KARTOFFEL-SALAT

4 Portionen

Zutaten

4	Kohlrabi, mittelgroß
2	Karotten
500 g	Wasser, lauwarm
1	kl. rote Zwiebel
75 g	Salatmayonnaise
50 g	Naturjoghurt, 10%
1 EL	Essig
etwas	Salz & Pfeffer

Pro Portion: 209 kcal | 16 g KH
7 g EW | 11 g Fett

Zubereitung

Kohlrabi und Karotten schälen und in kleine Stücke/Scheiben schneiden. In den Varoma legen. Wasser in den Mixtopf geben, Varoma aufsetzen und das Ganze **25 Min./Varoma/Stufe 1** garen. Danach kalt abschrecken und in eine Schüssel umfüllen.

Mixtopf leeren und kalt ausspülen. Zwiebel im Mixtopf **5 Sek./Stufe 5** hacken. Mayonnaise, Joghurt, Essig und etwas Salz & Pfeffer zugeben und **10 Sek./Stufe 3** mixen.

Über den Salat geben und vermengen. Wer mag, kann noch gehackte Petersilie untermischen.

Mit Kohlrabi!

Türkischer KAROTTEN-SALAT

Mit gekochten Karotten!

Zutaten

500 g	Karotten
40 g	Öl
250 g	Naturjoghurt, 10%
1 TL	Salz
¼ TL	Pfeffer, gem.

Pro Portion: 207 kcal | 8 g KH
3 g EW | 15 g Fett

Zubereitung

Karotten in Stücken in den Mixtopf geben und **7 Sek./Stufe 5** zerkleinern. Öl zugeben und **10 Min./100°C/ ↺ /Stufe 1.5** dünsten. In eine Schüssel umfüllen und abkühlen lassen. Joghurt, Salz und Pfeffer unterrühren.

Spanischer KARTOFFEL-SALAT

Mit Thunfisch & Ei

Wer möchte, kann noch eine gehackte Zwiebel zum Dressing geben.

6 Portionen

Zutaten

500 g	Wasser, lauwarm
650 g	Kartoffeln, vorw. festk.
1	gr. Karotte
150 g	Erbsen, TK
3	Eier

Für das Dressing

150 g	Salatmayonnaise
50 g	Naturjoghurt, 3,5%
1 EL	Zitronensaft
1 TL	Salz
½ TL	Paprikapulver, geräuchert
¼ TL	Pfeffer, gem.
1 Glas	weißer Thunfisch, in Olivenöl (Abtr.gew. 135 g)

Zubereitung

500 g Wasser in den Mixtopf füllen. Kartoffeln und Karotte schälen und würfeln. Zusammen mit Erbsen und Eiern im Varoma und auf dem Einlegeboden verteilen. Das Ganze **25 Min./Varoma/Stufe 1** garen. Danach kalt abschrecken. Eier schälen und ebenfalls würfeln. Alles in eine große Schüssel geben.

Alle Dressingzutaten (außer Thunfisch) gut verrühren. Thunfisch zum Dressing geben und unterrühren. Über den Salat geben und alles gut vermengen.

Pro Portion: 331 kcal | 23 g KH | 14 g EW | 19 g Fett

Fitness-ROHKOST-SALAT

Zutaten

250 g	Brokkoli
1 Bund	Portulak*
1	Granatapfel
150 g	Karotten
70 g	Apfelessig
40 g	Balsamicoessig, hell
60 g	Öl
2 TL	Gemüsebrühpulver
1 TL	Senf, mittelscharf
1 TL	Zucker
½ TL	Salz
¼ TL	Pfeffer, gem.
¼ TL	Kurkuma, gem.
1 Msp.	Ingwer, gem.
1	kl. Avocado (125 g)
150 g	Champignons
etwas	Öl zum Braten

* Portulak ist ein Blattgemüse, das sich besonders gut für Salate eignet. Alternativ grünen Salat verwenden.

Pro Portion: 309 kcal | 13 g KH
6 g EW | 25 g Fett

Zubereitung

Brokkoli in Röschen in den Mixtopf geben und **4 Sek./Stufe 5** zerkleinern. In eine Schüssel umfüllen. Portulak waschen, trocknen und zum Brokkoli geben. Vom Granatapfel die Kerne herauslösen und ebenfalls zum Brokkoli geben.

Karotten in Stücken in den Mixtopf geben und **4 Sek./Stufe 5** zerkleinern. Restliche Zutaten (außer Avocado & Champignons) zugeben und **4 Sek./Stufe 4** mischen. Zum Salat in die Schüssel geben und vermengen. Avocado-Fruchtfleisch klein schneiden und zum Salat geben.

Champignons putzen und vierteln. In einer Pfanne mit etwas Öl anbraten und Pilze über den Salat geben.

Mit gebratenen Pilzen!

Red Power AVOCADO-SALAD

Zutaten

2	große Salatherzen
1 Bund	Rucola
250 g	gekochte rote Beete
170 g	Fetakäse
½	Granatapfel
1	reife Avocado

Für das Dressing

1	reife Avocado
1	Limette
1 Handvoll	Basilikum
1	Knoblauchzehe
150 g	Naturjoghurt, 3,5%
100 g	Milch, 1,5%
etwas	Salz & Pfeffer
1 Prise	Zucker

Wer möchte, kann noch rote Zwiebelringe oder gehackte Nüsse/Körner darüber geben.

Pro Portion: 407 kcal | 16 g KH
14 g EW | 32 g Fett

Zubereitung

Zuerst das Dressing zubereiten:
Fruchtfleisch einer Avocado in den Mixtopf geben. Limette schälen und mit den restlichen Dressingzutaten **10 Sek./Stufe 8** pürieren.

Für den Salat die Salatherzen klein schneiden und zusammen mit Rucola waschen und trocken schleudern. In eine Schüssel geben oder auf einer Platte anrichten. Rote Beete klein schneiden und Feta mit den Händen zerbröseln. Über den Salat geben. Vom Granatapfel die Kerne herauslösen und darüber streuen. Fruchtfleisch der zweiten Avocado klein schneiden und mit dem Dressing darüber geben.

Sommer-TOMATEN-SALAT

Zutaten

30 g	Pistazienkerne, gehackt
1 EL	Sesam
1 EL	Sonnenblumenkerne
1 EL	Kürbiskerne
1 kg	Tomaten, bunt gemischt
50 g	grüne Oliven, entsteint
1	kl. rote Zwiebel
200 g	Frischkäse, light 9% Fett

2 Handvoll Brunnenkresse
1 Handvoll Basilikum
1 Handvoll Koriander

Für das Dressing

1	Knoblauchzehe
½	Zitrone, Saft davon
2 EL	Olivenöl
etwas	Salz & Pfeffer
1 Prise	Zucker

Pro Portion: 281 kcal | 11 g KH
12 g EW | 20 g Fett

Zubereitung

Pistazienkerne, Sesam, Sonnenblumen- und Kürbiskerne in einer Pfanne ohne Fett anrösten.

Tomaten und Oliven in Scheiben schneiden. Zwiebel in feine Ringe hobeln.

Für das Dressing Knoblauch im Mixtopf **5 Sek./Stufe 5** zerkleinern. Restliche Dressingzutaten zugeben und **10 Sek./Stufe 2** vermengen.

Tomatenscheiben, Zwiebelringe und Oliven gemischt auf eine Servierplatte geben. Mit Dressing beträufeln. Frischkäse klecksartig auf dem Salat verteilen. Brunnenkresse, Basilikum und Koriander darüber geben und mit der Körnermischung bestreuen.

Italienische SALAT-PLATTE

Mit Balsamicodressing!

Zutaten

4	Römersalatherzen (350 g)
150 g	Rispentomaten
50 g	grüne Oliven, entsteint
4	eingelegte Peperoni, mild
75 g	Mini-Artischockenherzen, aus dem Glas
100 g	gegrillte Paprika, aus dem Glas
80 g	italienische Salami
½	rote Zwiebel

Für das Dressing

50 g	Olivenöl mit Kräutern
40 g	Balsamicoessig, dunkel
10 g	Rotweinessig
1 TL	Basilikum, getr.
1 TL	Meersalz
¼ TL	Pfeffer, gem.
20 g	Naturjoghurt, 3,5%

Pro Portion: 258 kcal | 9 g KH | 6 g EW | 21 g Fett

4 Portionen

Zubereitung

Salat waschen, trocken schleudern und in Streifen schneiden. Tomaten vierteln und Oliven in Scheiben schneiden. Peperoni, Artischockenherzen und gegrillte Paprika abtropfen lassen und klein schneiden. Salami und Zwiebel in Streifen schneiden. Alle Zutaten auf einer Platte anrichten.

Für das Dressing alle Zutaten in den Mixtopf geben und **20 Sek./Stufe 3** vermengen. Dressing zum Salat servieren.

Wer möchte, kann noch geriebenen Mozzarella über den Salat geben.

Peanut SUPER SALAD

Klein, grün & gesund EDAMAME

… sind unreif geerntete Sojabohnen aus Japan und in gut sortierten Supermärkten entweder frisch oder TK erhältlich.

Pro Portion: 206 kcal | 19 g KH
8 g EW | 10 g Fett

6 Portionen

Zutaten

125 g	Quinoa, weiß
250 g	Wasser, lauwarm
1	Karotte (80 g)
1 P.	Edamame (120 g)
1 Handvoll	Erdnüsse (30 g)
120 g	Rotkohl
½	Salatgurke (200 g)

Für das Dressing

1 Stück	Ingwer (10 g)
1 Handvoll	Koriander
30 g	Olivenöl
2	Limetten, Saft davon (30 g)
30 g	Sojasauce
1 EL	Honig
1 TL	Sambal Oelek
1 Prise	Salz

Zubereitung

Quinoa in ein Sieb geben und unter fließendem Wasser waschen, bis das Wasser klar ist. 250 g lauwarmes Wasser und Quinoa in den Mixtopf geben und **12 Min./100°C/Sanftrührstufe** garen. Danach noch 8 Min. bei geschlossenem Deckel ziehen lassen. In ein Sieb geben, mit kaltem Wasser spülen und in eine Schüssel geben.

Karotte in den Mixtopf geben und **5 Sek./Stufe 6** hacken. Zusammen mit Edamame und Erdnüssen zur Quinoa geben. Rotkohl fein raspeln und Gurke klein würfel, untermischen.

Für das Dressing Ingwer und Koriander im Mixtopf **5 Sek./Stufe 7** hacken. Restliche Zutaten zugeben und **10 Sek./Stufe 4** mixen. Über den Salat geben, vermengen und servieren.

Thai-SOMMER-SALAT

mit Melone

4 Portionen

Zutaten

1	Netzmelone (z.B. Cantaloupe)
1	Salatgurke
1	Avocado
200 g	Cocktailtomaten

2 Kugeln Mozzarella (à 125 g)

Für das Dressing

½	rote Peperoni, entkernt
15 g	frischer Koriander
1	Knoblauchzehe
1	rote Zwiebel, halbiert
20 g	Öl
1	Limette, Saft davon
2 EL	Fischsauce
1 TL	Sojasauce

1 gestr. TL Salz

1 TL	brauner Zucker
2 Msp.	weißer Pfeffer, gem.

Zubereitung

Melone, Gurke und Avocado in mundgerechte Stücke schneiden. Tomaten halbieren und Mozzarella klein würfeln. Alles in eine große Schüssel geben.

Für das Dressing Peperoni, Koriander, Knoblauch und Zwiebel im Mixtopf **3 Sek./Stufe 6** zerkleinern. Restliche Dressingzutaten zugeben und **5 Sek./Stufe 3** vermengen. Zum Salat geben und gut vermengen.

Pro Portion: 362 kcal | 14 g KH | 16 g EW | 27 g Fett

Griechischer SALAT Deluxe!

Pro Portion: 481 kcal | 27 g KH
22 g EW | 28 g Fett

4 Portionen

Zutaten

1 rote Zwiebel
2 rote Spitzpaprika
1 Salatgurke
1 Glas Kichererbsen (295 g)
1 Dose weiße Riesenbohnen (280 g)
1 Glas eingelegter Fetakäse (280 g)
6-8 eingelegte Peperoni, mild

Für das Dressing

2 Knoblauchzehen
1 Handvoll Blattpetersilie
40 g Olivenöl
20 g Zitronensaft, frisch gepresst
15 g Rotweinessig
1 geh. TL Oregano, getr.
½ TL Zucker
1 gestr. TL Salz
etwas Pfeffer, gem.

Zubereitung

Zwiebel und Paprika in Streifen schneiden. Gurke würfeln. Kichererbsen, Bohnen und Feta abtropfen lassen. Peperoni in Ringe schneiden. Alles in eine Schüssel geben.

Knoblauchzehen und Petersilie in den Mixtopf geben und **5 Sek./Stufe 6** hacken. Mit dem Spatel nach unten schieben. Restliche Zutaten für das Dressing zugeben und **10 Sek./Stufe 2** rühren. Über den Salat geben und vermengen.

Pro Portion: 430 kcal | 30 g KH
15 g EW | 26 g Fett

Zutaten

½	Ananas (600 g)
2	Äpfel (à 130 g)
2 Stangen	Lauch (à 150 g)
4	Eier, hart gekocht
200 g	Kochschinken
1 Dose	Mais (Abtr.gew. 285 g)
1 Glas	eingelegter Selleriesalat (200 g)
½ Bund	Petersilie
½	Zitrone

Für das Dressing

150 g	Salatmayonnaise
100 g	saure Sahne
100 g	Naturjoghurt, 3,5%
½	Zitrone, Saft davon
etwas	Salz, Pfeffer & Paprikapulver, edelsüß

Zubereitung

Ananas und Äpfel in kleine Stücke schneiden. Lauch halbieren und in feine Ringe schneiden. Eier pellen und zusammen mit dem Schinken würfeln. Mais und Sellerie abtropfen lassen. Petersilie fein hacken. Alles nach Belieben in eine große Schüssel schichten. Zitronensaft darüber träufeln.

Alle Dressingzutaten in einer kleinen Schüssel verrühren und über den Salat geben. Vor dem Servieren etwas durchziehen lassen.

TROPICAL SALAD

Pankomehl bekommt man im gut sortierten Supermarkt in der Asia-Abteilung.

Pro Portion: 609 kcal | 78 g KH
28 g EW | 17 g Fett

Für den Salat

1 Kopfsalat
½ Radicchio (150 g)
2 Bananen
2 Kiwis
½ kl. Ananas (500 g)
je ½ rote, gelbe und grüne Paprika

Für das Dressing

1 Handvoll frischer Koriander
1 Limette, Saft davon
40 g Öl
30 g Crème fraîche
120 g Buttermilch
50 g Apfelessig
1 TL Sojasauce
1 TL Salz
¼ TL Pfeffer, gem.
2 Msp. Ingwer, gem.
¼ TL Kurkuma, gem.
1 TL Zucker

Für die Panko-Garnelen

1 Ei
100 g Milch, 1,5%
50 g Weizenmehl, Type 405
½ TL Zwiebeln, granuliert
¼ TL Pfeffer, gem.
½ TL Salz
500 g rohe geschälte Garnelen, White Tiger
100 g Panko-Paniermehl
4 EL Sweet-Chili-Sauce

Außerdem: Frittieröl

Zubereitung

Kopfsalat und Radicchio klein schneiden, waschen und trocknen. Bananen in Scheiben schneiden, Kiwi, Ananas und Paprika klein schneiden. Alles in eine Schüssel geben.

Für das Dressing Koriander im Mixtopf **3 Sek./Stufe 8** hacken. Restliche Dressingzutaten zugeben und **10 Sek./Stufe 4** mixen. Dressing über den Salat geben und gut vermengen.

Für die Panko-Garnelen: Ei, Milch, Mehl, granulierte Zwiebeln, Pfeffer und Salz in einer Schüssel mit einem Schneebesen vermengen. Garnelen in die Masse eintauchen und mit Pankomehl panieren. Auf Spieße stecken und in einer Pfanne mit heißem Öl frittieren.

Spieße auf dem Salat platzieren und mit etwas Sweet-Chili-Sauce beträufeln.

Salmon-SPRING-SALAD

Zutaten

250 g	Süßkartoffeln
200 g	gemischter Blattsalat
150 g	Fetakäse
150 g	Rispentomaten
25 g	getr. Cranberries
150 g	Räucherlachs

Pro Portion: 399 kcal | 28 g KH
17 g EW | 24 g Fett

4 Portionen

mit Sweet Honey Mustard Dressing

Für das Dressing

50 g	Mayonnaise
50 g	Naturjoghurt, 3,5%
35 g	Senf, mittelscharf
40 g	Honig
30 g	Weißweinessig
½ TL	Paprikapulver, edelsüß
¼ TL	Pfeffer, gem.
1 Prise	Salz

Alle Zutaten im Mixtopf **20 Sek./Stufe 3** mischen.

Zubereitung

500 g Wasser in den Mixtopf füllen und Gareinsatz einhängen. Süßkartoffeln schälen, würfeln und hineingeben. **18 Min./Varoma/Stufe 1** garen.

In der Zwischenzeit Salat waschen, trocken schleudern und in eine Schüssel geben. Feta mit den Händen zerbröseln und darüber geben. Tomaten vierteln und mit den Cranberries zugeben. Lachs etwas zerrupfen und mit dem Dressing untermischen.

Tipp:

Wer möchte, kann als Topping 2 EL Sonnenblumenkerne darüber geben.

Muntermacher SALAT

Mit Quinoa, Orangen, Avocado & Granatapfel

4 Portionen

Zutaten

125 g Quinoa, bunt
250 g Wasser, lauwarm
1 P. Feldsalat (150 g)
1 Avocado
etwas Zitronensaft
4 Orangen
60-80 g Granatapfelkerne
40 g Pistazienkerne, ungesalzen
3 EL Olivenöl
2-3 EL Orangen-Balsamicoessig*
etwas Salz & Pfeffer

*alternativ heller Balsamico mit Orangensaft gemischt

Zubereitung

Quinoa in ein Sieb geben und unter fließendem Wasser waschen, bis das Wasser klar ist. 250 g lauwarmes Wasser und Quinoa in den Mixtopf geben und **12 Min./100°C/Sanftrührstufe** garen. Danach noch 8 Min. bei geschlossenem Deckel ziehen lassen. In ein Sieb geben, mit kaltem Wasser spülen und in eine Schüssel geben.

Feldsalat putzen und auf vier Teller verteilen. Quinoa darüber geben. Avocado in Spalten schneiden und mit Zitronensaft beträufeln. Orangen filetieren. Beides auf den Salattellern anrichten. Granatapfel- und Pistazienkerne darüber streuen.

Olivenöl und Orangen-Balsamicoessig darüber träufeln und mit Salz & Pfeffer würzen.

Pro Portion: 465 kcal | 40 g KH | 9 g EW | 28 g Fett

Apfel-QUINOA-SALAT

Mit Cranberries und Pekannüssen

Pro Portion: 404 kcal | 45 g KH
7 g EW | 20 g Fett

4 Portionen

Zutaten

125 g	Quinoa, weiß
250 g	Wasser, lauwarm
1	roter Apfel
1	grüner Apfel
1 Bund	Frühlingszwiebeln
60 g	getr. Cranberries
60 g	Pekannusskerne, gehackt

Für das Dressing

1	Knoblauchzehe
30 g	Olivenöl
1 TL	Senf, mittelscharf
1 TL	Honig
1 TL	Salz
40 g	Apfelessig
1 EL	Limettensaft

Zubereitung

Quinoa in ein Sieb geben und unter fließendem Wasser waschen, bis das Wasser klar ist. 250 g lauwarmes Wasser und Quinoa in den Mixtopf geben und **12 Min./100°C/Sanftrührstufe** garen. Danach noch 8 Min. bei geschlossenem Deckel ziehen lassen. In ein Sieb geben, mit kaltem Wasser spülen und in eine Schüssel geben.

Äpfel in Würfel und Frühlingszwiebeln in Ringe schneiden. Zusammen mit Cranberries und Pekannüssen zur Quinoa geben.

Für das Dressing Knoblauch im Mixtopf **5 Sek./Stufe 5** hacken. Restliche Zutaten zugeben und **10 Sek./Stufe 4** mixen. Über den Salat geben, vermengen und servieren.

Sellerie-BOHNEN-SALAT

Mit Rucola und Apfel!

Pro Portion: 129 kcal | 12 g KH
4 g EW | 5 g Fett

6 Portionen

Zutaten

250 g	getrocknete Bohnen (z. B. Pintobohnen)
1 TL	Backpulver
2	Karotten
1	Stangensellerie
1 EL	Meersalz
2	Lorbeerblätter
1	rote Spitzpaprika
1	grüner Apfel

Für das Dressing

1	Zwiebel, halbiert
1 Bund	Rucola
1 gr. Handvoll	Petersilie
30 g	Olivenöl
1 TL	Salz
15 g	Apfelessig
1	Zitrone, Saft davon

Zubereitung

Bohnen mit viel Wasser und Backpulver über Nacht in eine Schüssel geben und quellen lassen.

Am nächsten Tag absieben und in einen Kochtopf geben. Mit 1,5 Liter Wasser auffüllen. Karotten und Stangensellerie sehr klein schneiden und zusammen mit Meersalz und Lorbeerblätter zugeben. Das Ganze nun auf dem Herd ca. 45 Min. köcheln lassen. Danach abkühlen lassen und absieben. Lobeerblätter entfernen und in eine Salatschüssel füllen.

Für das Dressing Zwiebel, Rucola und Petersilie **4 Sek./Stufe 5** hacken. Restliche Dressingzutaten zugeben und **3 Sek./Stufe 3** mischen. Über die Bohnen geben. Paprika und Apfel klein würfeln und untermischen. Fertig!

Tomaten-BULGUR-SALAT

Zutaten

250 g	Bulgur
600 g	Wasser, lauwarm
1 TL	Salz
2	Tomaten
1	rote Paprika
3	Frühlingszwiebeln

Für das Dressing

1	rote Zwiebel, halbiert
1 Hdv.	Petersilie
60 g	Olivenöl
60 g	Tomatenmark
1 TL	Paprikapulver, edelsüß
2 TL	Honig
20 g	Zitronensaft
1 TL	Salz
¼ TL	Cayennepfeffer, gem.

Zubereitung

Bulgur in eine Schüssel geben. Wasser in den Mixtopf füllen und **10 Min./100°C/Stufe 1** aufkochen. 1 TL Salz zugeben und sofort über den Bulgur gießen. 20 Min. ziehen lassen und dann absieben. In eine Schüssel geben. Tomaten und Paprika klein würfeln und Frühlingszwiebeln in Ringe schneiden. Zum Bulgur geben.

Zwiebel und Petersilie in den Mixtopf geben und **5 Sek./Stufe 5** hacken. Restliche Zutaten für das Dressing zugeben und **10 Sek./Stufe 3** mixen. Über den Salat geben, vermengen und servieren.

Pro Portion: 285 kcal | 41 g KH
6 g EW | 10 g Fett

2 Portionen

Zutaten

250 g	Cocktailtomaten
etwas	Salz & Zucker
etwas	ital. Kräuter, getr.
2 EL	Olivenöl
1	Burrata (100 g)
ein paar	Minzblätter
25 g	Pistazienkerne, ungesalzen
2 EL	Balsamicoessig, dunkel
2 TL	Honig

OFEN-TOMATEN mit Burrata

Zubereitung

Cocktailtomaten halbieren und mit der Schnittfläche nach oben auf ein Backblech oder in eine Auflaufform legen. Mit Salz, Zucker und ital. Kräutern würzen. Olivenöl darüber träufeln und im vorgeheizten Backofen bei 160°C Umluft ca. 20 Min. backen. Burrata klecksartig darüber geben. Mit Minze und Pistazienkernen bestreuen. Balsamicoessig und Honig darüber geben. Fertig!

Pro Portion: 360 kcal | 17 g KH
9 g EW | 27 g Fett

4 Portionen

Bunter THUNFISCH-SALAT

Zutaten

2 Gläser	Thunfischfilets (à Abtr.gew. 120 g)
1 kl. Dose	Mais (Abtr.gew. 140 g)
1	rote Spitzpaprika
75 g	grüne Oliven o. Stein
1	rote Zwiebel
2	hart gekochte Eier

Für das Dressing

15 g	Zitronensaft
30 g	Olivenöl
1 Hdv.	Petersilie, gehackt
etwas	Salz & Pfeffer
½ TL	Paprikapulver, edelsüß
20 g	Balsamicoessig, hell

Zubereitung

Thunfisch und Mais abtropfen lassen und in eine Schüssel geben. Paprika und Oliven in Ringe schneiden. Zwiebel fein hobeln und Eier achteln. Alles mit in die Schüssel geben. Dressingzutaten vermengen und über den Salat geben.

Pro Portion: 278 kcal | 8 g KH
24 g EW | 16 g Fett